KB220233

고생의 밥과 물

이재철 목사 메시지 시리즈

그간 이재철 목사가 전한 설교들 가운데 특별히 내면內面의 울림을 주고 시대時代의
어둠을 밝히는 설교를 따로 모아 엮어 갈 예정이다. 기존 출간된 그의 저서들에서
발췌하기도 하고, 외부 집회에서 전한 설교들 가운데서도 녹취해 담아 낸다.
휴대하기 편하게 손에 잡히는 판형으로, 언제 어디서나 가까이 두고 읽을 수
있도록 했다.

고생의 밥과 물

이재철 지음

홍성사

일러두기

• 이 책은 2019년 4월 21일 광주 동광교회 창립 58주년 기념예배에서 전한 설교
  를 녹취하여 텍스트에 대한 저자 검토 없이 편집팀의 교정·교열을 거쳐 펴낸
  것입니다.
• 책 뒤표지의 QR코드를 통해 설교 내용을 영상으로도 볼 수 있습니다.
• 본문 사진 ⓒ동광교회

이스라엘의 왕과 유다의 여호사밧 왕이 왕복을 입고
사마리아 성문 어귀 광장에서 각기 왕좌에 앉아 있고
모든 선지자가 그들의 앞에서 예언을 하고 있는데
그나아나의 아들 시드기야는 자기를 위하여 철로 뿔들을
만들어 가지고 말하되
여호와의 말씀이 왕이 이것들로 아람 사람을 찔러
진멸하리라 하셨다 하고
모든 선지자도 그와 같이 예언하여 이르기를
길르앗 라못으로 올라가 승리를 얻으소서
여호와께서 그 성읍을 왕의 손에 넘기시리이다 하더라
미가야를 부르러 간 사신이 일러 이르되
선지자들의 말이 하나같이 왕에게 길하게 하니
청하건대 당신의 말도 그들 중 한 사람의 말처럼
길하게 하소서
미가야가 이르되 여호와께서 살아 계심을 두고 맹세하노니
여호와께서 내게 말씀하시는 것 곧 그것을 내가 말하리라 하고
이에 왕에게 이르니 왕이 그에게 이르되 미가야야
우리가 길르앗 라못으로 싸우러 가랴 또는 말랴
그가 왕께 이르되 올라가서 승리를 얻으소서 여호와께서
그 성읍을 왕의 손에 넘기시리이다

왕이 그에게 이르되 내가 몇 번이나 네게 맹세하게 하여야
네가 여호와의 이름으로 진실한 것으로만 내게 말하겠느냐
그가 이르되 내가 보니 온 이스라엘이 목자 없는 양같이
산에 흩어졌는데 여호와의 말씀이 이 무리에게 주인이 없으니
각각 평안히 자기의 집으로 돌아갈 것이니라 하셨나이다
이스라엘의 왕이 여호사밧 왕에게 이르되 저 사람이 내게
대하여 길한 것을 예언하지 아니하고 흉한 것을
예언하겠다고 당신에게 말씀하지 아니하였나이까
미가야가 이르되 그런즉 왕은 여호와의 말씀을 들으소서
내가 보니 여호와께서 그의 보좌에 앉으셨고
하늘의 만군이 그의 좌우편에 모시고 서 있는데
여호와께서 말씀하시기를 누가 아합을 꾀어 그를 길르앗
라못에 올라가서 죽게 할꼬 하시니 하나는 이렇게 하겠다
하고 또 하나는 저렇게 하겠다 하였는데 한 영이 나아와
여호와 앞에 서서 말하되 내가 그를 꾀겠나이다
여호와께서 그에게 이르시되 어떻게 하겠느냐 이르되
내가 나가서 거짓말하는 영이 되어 그의 모든 선지자들의
입에 있겠나이다
여호와께서 이르시되 너는 꾀겠고
또 이루리라 나가서 그리하라 하셨은즉

이제 여호와께서 거짓말하는 영을 왕의 이 모든 선지자의
입에 넣으셨고 또 여호와께서 왕에 대하여
화를 말씀하셨나이다
그나아나의 아들 시드기야가 가까이 와서
미가야의 뺨을 치며 이르되
여호와의 영이 나를 떠나 어디로 가서 네게 말씀하시더냐
미가야가 이르되 네가 골방에 들어가서 숨는 그날에 보리라
이스라엘의 왕이 이르되 미가야를 잡아 성주 아몬과
왕자 요아스에게로 끌고 돌아가서 말하기를
왕의 말씀이 이놈을 옥에 가두고 내가 평안히 돌아올 때까지
고생의 떡과 고생의 물을 먹이라 하였다 하라
미가야가 이르되 왕이 참으로 평안히 돌아오시게 될진대
여호와께서 나를 통하여 말씀하지 아니하셨으리이다
또 이르되 너희 백성들아 다 들을지어다 하니라

열왕기상 22장 10-28절

저를 소개하실 때 100주년기념교회 '원로목사'라고 표기를
했습니다. 저는 원로목사가 아니고 100주년기념교회
'은퇴' 목사입니다. 100주년기념교회는 정관에 따라서
원로목사 제도가 없습니다. 혹 제가 외부에 나가서
원로목사를 사칭했다고 오해하는 분이 계실 수도 있을 것
같아서 미리 바로잡습니다.

마태복음 21장에는 예수님께서 예루살렘 성전을
정화하신 사건의 내용이 기록되어 있습니다.
예수님께서 예루살렘 성전에 들어가셨을 때, 거룩해야
할 예루살렘 성전이 장사꾼들에 의해서 추하게
오염되어 있었습니다. 세상의 시장터가 되어 있었던
것입니다. 진노하신 예수님께서는 성전을 가득 메우고
있던 장사꾼들의 좌판과 의자를 둘러엎으시고는 그들을
성전에서 쫓아내셨습니다. 그리고 예수님께서는 이렇게
질타하셨습니다. 마태복음 21장 13절입니다.

기록된 바 내 집은 기도하는 집이라 일컬음을 받으리라
하였거늘 너희는 강도의 소굴을 만드는도다

단지 '강도'라고 표현하지 않고 "강도의 소굴"이라고
말씀하셨습니다. 지금도 마찬가지입니다만 2000년
전에도, 생존을 위해서 남의 집에 가서 빵을 훔쳐
먹는다거나 생필품을 훔치는 도둑은 좀도둑이라고
했습니다. 2000년 전에 강도는 혼자 행동하지

않았습니다. 2000년 전 팔레스타인의 강도들은
깊은 산속이나 광야에서 떼를 지어 무리를 지어
행동했습니다. 그들의 거처가 "강도의 소굴"입니다.

우리가 어느 영화나 동서양의 사극을 보면, 어느 시대든
강도의 소굴에는 뭔가 많습니다. 금은 패물이 있는가
하면 먹을 것도 많습니다. 강도들은 광야나 산을 지나는
상인들을 흉기로 위협하거나 아니면 죽여서 그들의
전 재산을 강탈하는 사람들입니다. 그뿐만 아니라
한 마을을 습격해서 그 마을 사람들을 협박하거나 죽여
그 마을의 전 재산을 훔쳐 가는 사람들입니다.
못 먹어서가 아닙니다. 더 많이 갖고, 더 많이 먹고,
더 잘 먹기 위함이었습니다.

예수님께서 예루살렘 성전을 보시건대 그 성전이
바로 그와 같은 강도의 소굴이었습니다. 여러분,
유대교 지도자들, 제사장들이 얼마나 화려한 옷을
입고 있었습니까. 제사를 드릴 때 얼마나 거룩하게
드렸습니까. 그런데 그들 모두 하나님의 이름을
이용해서 자기 배를 불리고 더 잘 먹기 위한
강도들이었고, 그들이 모여 있는 예루살렘 성전은
강도의 소굴이었던 것입니다.

그런데 마태복음 21장의 이 사건은 예수님께서
십자가에 못 박혀 돌아가시기 닷새 전에 일어났던
일입니다. 이를테면 예수님 공생애 마지막 순간에

일어났던 일입니다. 그런데 요한복음 2장에 보면
예수님께서 성전을 정화하신 사건의 내용이 동일하게
또다시 기록되어 있습니다. 마태복음 21장이 예수님
공생애 최후의 시점의 사건이었다면 요한복음 2장은
그 3년 전인, 예수님께서 공생애를 시작하신 직후의
일이었습니다.

공생애를 시작하신 예수님께서 가나의 혼인 잔치에서
어머니의 강권에 의해 물로 포도주를 만드는 이적을
베푸시지 않습니까? 그 직후에 행하신 것이 예루살렘
성전에 들어가서 성전을 정화하신 사건입니다. 그때도
예루살렘 성전에는 장사꾼들이 가득 차 있었습니다.
요한복음 2장에서 성전을 정화하실 때에는 예수님께서
더 격하게 하셨습니다. 마태복음 21장에서는 그들의
좌판과 의자를 뒤엎고 그들을 쫓아내기만 하셨는데,
요한복음 2장에서는 노끈으로 채찍을 만들어
휘두르시면서 그들을 쫓아내셨습니다.

보십시오. 예수님의 공생애 기간이 이 땅에서 3년밖에
되지 않았는데, 예수님의 공생애는 성전 정화로 시작해서
성전 정화로 끝났습니다. 무엇을 의미하겠습니까?
성전이 거룩함을 견지하기가 그만큼 어렵다는
것입니다. 성전이 왜 거룩해야 합니까?
거룩하신 하나님의 집이기 때문입니다. 거룩은
'구별'이지 않습니까? 우리가 거룩해진다는 것,
거룩하게 한다는 것은 우리 스스로 구별된 삶을 사는 것,

교회를 구별되게 하는 것을 의미합니다.
인간들이 하나님의 집인 성전을 거룩하게 구별하려면
결국 자기를 거룩하게 구별해야 하는데, 자기를
거룩하게 구별하는 일이 그만큼 어려웠던 것입니다.
그래서 예수님께서는 공생애를 성전 정화로 시작하셔서
성전 정화로 마무리하셨습니다.

예수님께서 우리의 죗값을 대신 치러 주시기 위한
제물로 십자가에서 못 박혀 돌아가시는 순간에
예루살렘 성전 지성소를 가로막고 있던 휘장이
찢어졌습니다. 이로써 누구든지 하나님 앞에 나아갈 수
있게 되었습니다. 그 이후부터 성전은 더 이상 벽돌과
나무로 지어진 집이 아닙니다. 사도 바울이 고린도전서
3장 16-17절을 통해 이렇게 증언합니다.

> 너희는 너희가 하나님의 성전인 것과 하나님의 성령이
> 너희 안에 계시는 것을 알지 못하느냐 누구든지
> 하나님의 성전을 더럽히면 하나님이 그 사람을
> 멸하시리라 하나님의 성전은 거룩하니 너희도
> 그러하니라

이제는 더 이상 벽돌과 나무로 지어진 집이 성전이
아니라는 것입니다. 하나님의 영은 더 이상 예루살렘
성전 지성소에 갇혀 계시지 않습니다. 예수님께서
부활하신 뒤에 이 땅에 강림하신 삼위일체 하나님,
영이신 성령 하나님께서는 바로 우리 마음속에

계십니다. 그분이 우리 마음속에 계시기 때문에 우리
자신이 성전입니다. 우리가 어디를 가든지 우리의
마음속에 좌정하고 계신 그분이 우리와 함께 동행하고
계십니다. 그래서 내가 그분을 모시고 광야에 서 있으면
광야에 성전이 있는 것이고, 내가 산속에 있으면 산속이
성전이 됩니다.

그러면 이 집은 무엇입니까? 이 집은 성전이 아니라
각각 성전인 그리스도인인 우리가 함께 모여
예배드리는 '예배당'인 것입니다. 많은 교인들이
기도할 때 '하나님, 오늘도 성전에 나오게 해주셔서
감사합니다'라고 기도합니다. 그런 기도는 성경과
일치하는 기도일 수 없습니다. 성전은 우리 각자이고
우리 각자인 성전이 모여서 함께 예배드리는 곳은
예배당이 되는 것입니다. 그러므로 우리 각자가
하나님의 영이 거하시는 성전이기에, 너희는 반드시
거룩하라는 것은 하나님의 명령입니다. 거룩해야 될
예루살렘 성전이 장사꾼들에 의해 오염되었을 때 그
성전은 주후 70년, 로마제국 티투스 장군에 의해서
돌 위에 돌 하나도 남지 않고 결국 초토화되었습니다.

예수 그리스도 안에서 오늘날 우리가 성령님을 모신
성전이라면, 우리가 거룩한 성전으로 구별된 삶을 살지
아니할 때 하나님께서 우리와 함께하시지 아니하실
것임은 두말할 나위가 없지 않습니까? 교회를 헬라어로
'에클레시아ἐκκλησία'라고 합니다. 잘 아시겠습니다만

에클레시아는 '부름받은 사람'이라는 뜻입니다.
우리는 다 예수 그리스도의 십자가에 의해 부름받은
사람들입니다. 무엇을 위해, 어디로 부름받은
사람들입니까? 십자가로, 십자가의 구별된 삶으로
부름받은 사람입니다. 십자가의 구별된 삶은 세상과는
전혀 다른 거룩한 삶인 것입니다.
각자 성전인 우리가 거룩한 삶을 살면 우리가 모여 있는
교회는 거룩해질 수밖에 없습니다. 교회는 벽돌과 집이
아니라 주님을 믿는 사람들의 모임이기 때문입니다.

그런데 오늘날 교회는 거룩합니까? 우리 각자는 거룩한
성도입니까? 이미 이 부분에 대해서, 이 질문에 대해서
2000년 전에 사도 바울이 이렇게 대답을 했습니다.
디모데후서 3장 1-5절입니다.

> 너는 이것을 알라 말세에 고통하는 때가 이르러
> 사람들이 자기를 사랑하며 돈을 사랑하며 자랑하며
> 교만하며 비방하며 부모를 거역하며 감사하지
> 아니하며 거룩하지 아니하며 무정하며 원통함을 풀지
> 아니하며 모함하며 절제하지 못하며 사나우며 선한
> 것을 좋아하지 아니하며 배신하며 조급하며 자만하며
> 쾌락을 사랑하기를 하나님 사랑하는 것보다 더하며
> 경건의 모양은 있으나 경건의 능력은 부인하니
> 이 같은 자들에게서 네가 돌아서라

이 말씀에서 사도 바울이 말세에 사람들이 어떤 삶을

살 것인지를 밝혀 주는데, 어떻습니까? 우리 얘기이지 않습니까? 오늘날 세태 이야기 아닙니까? 성경이 말하는 말세, 종말에는 두 가지 의미가 있습니다. 첫째 의미는 문자 그대로 지구의 종말, 역사의 종말을 뜻합니다. 주님께서 재림하셔서 세상이 주님의 심판대 앞에 서는 역사의 종말이 첫 번째 말세입니다. 두 번째 말세가 있습니다. 첫 번째 종말은 언제 올지 예수님도 모르신다고 하시지 않았습니까? 그런데 우리가 확실하게 아는 두 번째 종말이 있습니다. 그 두 번째 종말은 우리 각자의 죽음입니다. 우리는 절대로 이 세상에서 천년만년 살지 않습니다. 우리는 반드시 이 세상을 떠나게 되어 있습니다. 죽음을 통해서 말입니다. 그래서 우리 각자가 죽는 그 순간이, 나 각자에게는, 우리 각자에게는 우리의 말세고 우리의 종말입니다.

어떻습니까, 여러분. 지금 바울이 디모데후서 3장 1-5절까지 말세의 징조를 언급한 이 내용이 나이가 들어갈수록 우리 삶에 고스란히 적용되지 않습니까. 바울의 이 말을 한마디로 적용하면, 말세가 되어 갈수록 나이가 들어 갈수록 노욕이 심해질수록, 가진 것이 없어서가 아니라 더 잘 먹고 더 잘살기 위해서 자기중심적인 인간이 될 것이라는 말입니다.

제가 다시 읽어 보겠습니다. 여러분들은 이 말씀의 거울에 자신을 한번 비춰 보십시오.

너는 이것을 알라 말세에 고통하는 때가 이르러

사람들이 자기를 사랑하며 돈을 사랑하며

자랑하며 교만하며 비방하며

부모를 거역하며 감사하지 아니하며 거룩하지 아니하며

무정하며 원통함을 풀지 아니하며

모함하며 절제하지 못하며

사나우며 선한 것을 좋아하지 아니하며

배신하며 조급하며 자만하며

쾌락을 사랑하기를 하나님 사랑하는 것보다 더하며

경건의 모양은 있으나 경건의 능력은 부인하니

이 같은 자들에게서 네가 돌아서라 (딤후 3:1-5)

여러분, 이 바울의 말이 우리 각자를 향한 말씀이라면,
바로 우리의 지금 현실을 이야기하고 있는 것이라면,
그러면 이제 우리는 누가복음 18장에 드러나 있는
재판장과 과부의 비유 내용을 비로소 정확하게 이해할
수 있습니다. 예수님께서 쉬지 말고 기도하면서
낙심하지 말 것을 제자들에게 일러 비유로 말씀해 주신
내용입니다.

어느 마을에 불의한 재판관이 있었습니다. 그 불의한
재판관은 하나님을 두려워하지 않았습니다. 하나님을
두려워하지 않는다는 것은 무슨 말이겠습니까? 뇌물을
받고 판결을 굽게 합니다. 사람을 귀하게 여기지
않습니다. 그런데 그 재판관에게 가서 한 과부가
'재판관님, 내 원수에게서 나의 원한을 풀어 주십시오'

라고 부탁했습니다.

그 재판관이 이 돈 없는 가난한 과부의 말을
들어주겠습니까? 그는 그 과부의 말을 들은 척
만 척했습니다. 그랬더니 과부가 밤에도 찾아오고
낮에도 찾아옵니다. 불의한 재판관의 생각이
바뀌었습니다. '어, 저 여자 성질을 보니 내가 저 여자의
청을 안 들어주면 매일 와서 나를 닦달하겠네. 귀찮으니
저 여자의 청을 들어주자.'
그리고 예수님께서 누가복음 18장 6-8절을 통해 이렇게
말씀하셨습니다.

> 주께서 또 이르시되 불의한 재판장이 말한 것을 들으라
> 하물며 하나님께서 그 밤낮 부르짖는 택하신 자들의
> 원한을 풀어 주지 아니하시겠느냐 그들에게 오래
> 참으시겠느냐 내가 너희에게 이르노니 속히 그 원한을
> 풀어 주시리라

'불의한 재판관도, 뇌물 바치지 않는 가난하고 불쌍한
한 과부가 가서 계속 청원을 넣으면 그 부탁을 받아
주거늘 하물며 하나님께서 당신의 백성이 원한을
풀어 달라고 기도하는데 그 기도를 속히 들어주시지
않겠느냐?' 그래서 이 말씀이 기도회에서 단골로
인용됩니다. 하나님께 계속해서 부르짖으면 하나님께서
들어주신다는 것입니다. 그런데 예수님의 비유의
말씀이 거기서 끝나지를 않았습니다. 누가복음 18장의

재판장과 과부의 비유는 이렇게 끝이 납니다.

> **그러나 인자가 올 때에 세상에서 믿음을 보겠느냐**
> **하시니라 (눅 18:8하)**

많은 이들이 불의한 재판관 비유를 가져와서
'쉬지 말고 하나님 아버지 앞에 기도해라. 하나님
아버지께서 안 들어주시겠느냐?'라고 합니다. 그래서
여러분들, 새벽에도 기도하시지 않습니까? 금요일에도
기도하시지 않습니까? 쉬지 않고 기도하시지 않습니까?
그러면 얼마나 믿음이 좋은 겁니까? 그러면 하나님께서
'말세에 믿음 좋은 사람들이 도처에 있을 것이다',
이렇게 말씀하셔야 될 터인데 그렇지를 않습니다.

"인자가 올 때에." 인자가 올 때는 재림하실 때,
말세를 말합니다. '말세가 되었을 때 내가 믿음을
보겠느냐?'라고 하십니다. 주님께서 왜 이런 말씀을
하셨겠습니까? 여러분들은 쉬지 않고 무엇을 위해서
기도하십니까? 더 잘 먹고 더 잘살기 위해서 쉬지
않고 기도합니다. 이 불쌍한 과부는 무엇을 위해
기도했습니까? 내 원수에게서 내 원한을 풀어 달라는
것입니다. 표준새번역은 그 내용을 이렇게 쉽게
번역해 놓았습니다.

> **내 적대자에게서 내 권리를 찾아주소서 (눅 18:3)**

이 가난한 과부가 적대자로 부른 그 사람이 부자인지
권력자인지는 알 수 없습니다. 그런데 그 사람이 이
가난한 과부가 살아가야 할 생존의 권리를 짓밟는
것입니다. 이 생존의 권리를 찾아 달라는 것입니다.
바꾸어 말하면, '하나님의 공의가 이루어지게
해주십시오'라는 것입니다. 주석을 가하자면,
'내가 세상과 구별해서 하나님의 거룩한 뜻을 좇아
살 수 있는 권리를 나에게 허락해 주소서!' 입니다.

이 가난한 과부는 '주님, 나 가난하지 않습니까?
내 남편 죽은 거 아시죠. 남편이 남겨 놓은 빚 내가
다 갚고 있습니다. 자식들 내가 다 학교 보냈습니다.
나에게 돈 주세요. 내 자식 출세시켜 주세요. 내 자식
사업 성공하게 해주세요'라고 기도하지 않았습니다.
'하나님의 선민으로서 이 땅에서 살아갈 수 있는 권리를
내게 주십시오. 하나님의 공의가 세워지게 해주십시오.
거룩하게 살 수 있는 권리가 나에게 주어지도록 하나님,
역사해 주십시오'라고 기도했습니다.

주님께서 '인자가 이 세상에 올 때에 믿음을 보겠느냐?'
라고 하신 말씀은 '말세가 되었을 때에 하나님의
공의를 위해서, 거룩한 삶을 위해서, 구별된 뜻을
위해서 기도하는 자들을 내가 볼 수 있겠느냐?', 즉
바울의 디모데후서 3장 1-5절과 정확하게 일치하는
말씀입니다.

그러면 우리는 여기에서 해답을 얻을 수 있습니다.
왜 말세에 사람들이 다 스스로 하나님이 되고
자기중심적이 되고 하나님을 믿는다고 하면서도
돈을 더 사랑하는가? 바르게 사는 데는 관심이 없고,
더 잘살고 더 잘 먹기 위함입니다. 예루살렘 성전이
거룩해야 될 아버지 집인데, 왜 거기 그 거룩한
하나님의 집을 대제사장들과 결탁한 장사꾼들이
시장터로, 강도의 소굴로 만들고 있었는가?

그들이 못 먹고살아서 그랬겠습니까? 아닙니다.
더 잘 먹고 더 잘살기 위함이었습니다. 오늘날 한국
교회가 왜 교회다움을 상실했습니까? 왜 세상으로부터
신뢰를 받지 못하고 있습니까? 이유는 간단합니다.
교회를 이루고 있는 우리의 삶의 목적이 하나님의
말씀을 좇아서 바르게 사는 것이 아니라, 무슨 수를
쓰든 더 잘 먹고 더 잘사는 데 있기 때문입니다.

그렇다면 어떻게 하면 한국 교회가 새롭게 소생될
것인가? 그 해답도 너무나 자명합니다. 교회를
이루고 있는 우리가, 잘 먹고 잘사는 것이 더 이상
우리 삶의 목표가 되게 하는 것이 아니라
이제부터 주님의 말씀을 따라 바르게 살고 내가
그리스도인다운 그리스도인으로, 목사다운 목사로,
교회다운 교회로 우리 자신을 바로 세워 가는 것이
이 땅의 교회를 소생시키는 첩경이 됩니다.

오늘의 본문(왕상 22:10-28)은 북이스라엘 왕국의
패역한 왕 아합에 대한 내용입니다. 북이스라엘의
아합 왕은, 선량한 사람 나봇을 자기 아내 이세벨의
교활한 계교로 모함해서 죽이고 그 포도원을 강탈할
정도로 하나님 앞에서 온갖 패역한 짓을 자행했습니다.
어느 날, 남왕국의 여호사밧이 그 북왕국의 아합 왕을
찾아갔습니다. 그리고 두 왕의 군대가 연합해서 아람
왕과 전쟁을 치르게 되었습니다. 남왕국에서 올라간
여호사밧 왕이 아합 왕보다는 그래도 조금 더 믿음이
깊었나 봅니다. 전투를 하러 나가기 전에 남왕국의
여호사밧 왕이 북왕국 아합 왕에게 '왕이여, 이 땅에
선지자가 없습니까? 선지자를 불러서 하나님의
말씀을 좀 들어 보고 나가면 어떻습니까?'라고
했더니, 북왕국의 아합 왕이 북왕국 수도 사마리아에
있는 선지자들을 다 불러 모았습니다. 약 400여
명이었습니다. 그 400여 명이 입을 맞춘 듯이 이 전투에
나가면 왕이 크게 승리하고 돌아온다고 했습니다.
그들의 말을 듣고 아합 왕은 지금 고무되고 있습니다.

그런데 그 400명이나 되는 선지자가 지금 하나님의
말씀이라고 이야기하고 있는데, 남왕국에서 간
여호사밧이 보건대는 그들이 세상에서 닳고닳은
사람들입니다. 자기가 보기에 그들이 하는 말이 도저히
하나님 말씀처럼 안 들립니다. 그래서 여호사밧이
아합 왕에게 '왕이여, 저 사람들 말고 다른 선지자는
없습니까?'라고 합니다. 그랬더니 아합 왕이 이렇게

대답을 합니다. '미가야라는 선지자가 한 명 있긴 한데
그 선지자는 매번 내가 듣기 싫은 소리만 합니다.
바꿔 말하면 재수 없는 소리만 합니다. 그래서 안
불렀습니다.' 이 말을 들은 여호사밧 왕이 '아유,
그래도 그 선지자 한번 불러 보시죠. 그의 말도 한번
들어 보십시다'라고 합니다. 그래서 아합 왕이 자기
사신을 미가야가 있는 성으로 보냈습니다. 빨리
입궐하라고 말입니다.

사신이 가서 미가야를 데리고 오는 동안에도 400여
명의 선지자들은 돌아가면서 아합 왕의 승리를 계속
예언합니다. 그 400여 명 선지자들 중에 우두머리가
있었습니다. 그 우두머리의 이름은 시드기야입니다.
이 시드기야라는 사람은 쇠로 만든 뿔을 들고 와서
그 철뿔을 휘두르면서 '아합 왕 당신이 이렇게 상대를
도륙하고 승리할 것입니다'라고 합니다. 그랬더니
나머지 400여 명의 선지자들이 자기네들 우두머리
시드기야의 예언에 박수를 치며 다 화답하면서
'그렇게 될 겁니다. 될 겁니다'라고 했습니다.

아합 왕이 보낸 사신이 선지자 미가야에게 도착을
했습니다. 그가 선지자 미가야에게 이렇게
이야기했습니다. 본문 13절입니다.

**미가야를 부르러 간 사신이 일러 이르되 선지자들의
말이 하나같이 왕에게 길하게 하니 청하건대 당신의**

말도 그들 중 한 사람의 말처럼 길하게 하소서

여러분, 지금 사마리아에 있는 400여 명은 '선지자'
들입니다. 선지자는 어떤 사람입니까? 사람의 말이
아니라 하나님의 말을 전해야 하는 사람들입니다.
그런데 왕의 사신이 미가야에게 하는 말이 '사마리아에
있는 모든 선지자들이 왕이 듣기에 좋은 이야기를
했으니까 미가야 선지자 당신도 왕이 듣기에 좋은
이야기를 하세요'라고 합니다. 바꾸어 말하면 '하나님의
말씀을 빙자해서 왕에게 듣기 좋은 이야기를 하세요'
하고 사기를 사주하는 것입니다. 그 말을 들은 미가야가
14절에서 이렇게 증언합니다.

> 미가야가 이르되 여호와께서 살아 계심을 두고
> 맹세하노니 여호와께서 내게 말씀하시는 것
> 곧 그것을 내가 말하리라 하고

미가야는 이렇게 대답합니다. 설명을 가하자면, '나는
어떤 경우에도 권력자, 부자, 힘 있는 자의 귀에 듣기
좋은 소리를 하지 않을 것이다. 나는 무슨 말이든
하나님께서 내 입에 넣어 주시는 하나님의 말씀,
그 말씀만을 전할 것이다'라고 한 것입니다. 바꾸어
말하면, '선지자로서의 사명을 나는 결코 유기하지 않을
것이다' 그 말이었습니다.

미가야가 사마리아 수도로 갔습니다. 그리고 아합

왕과 여호사밧 왕에게 예언을 했는데, 그 왕들에게
전한 예언은 명쾌했습니다. '아합 왕이여, 당신의
승리를 장담하는 저 400여 명 선지자들의 예언은
하나님의 말씀이 아니고 거짓 영, 사탄의 농간입니다.
당신은 절대 승리하지 못합니다. 당신은 이 전투에서
죽습니다.' 미가야는 하나님께서 주신 말씀을 그대로
전했습니다. 미가야가 그렇게 말을 전하니 아합 왕의
승리를 장담했던 400여 명의 선지자 그룹의 리더
시드기야가 이렇게 행동합니다. 24절을 보십시오.

그나아나의 아들 시드기야가 가까이 와서 미가야의
뺨을 치며 이르되 여호와의 영이 나를 떠나
어디로 가서 네게 말씀하시더냐

시드기야가 미가야한테 와서 뺨을 때리면서 말을
합니다. '여호와의 영은 내 건데, 여호와의 영은 내
속에 있는데, 내가 여호와의 영을 너한테 준 적이
없는데, 여호와의 영이 나한테서 빠져나간 적이 없는데,
언제 하나님의 영이 너한테 그런 말씀을 주셨다고
네가 거짓부렁이를 하냐?' 그러니까 이 시드기야는
하나님의 영, 성령을 자기의 소유물로 인식하고 있는
사람입니다. 거기에 대해서 미가야가 25절을 통해
이렇게 대답했습니다.

미가야가 이르되 네가 골방에 들어가서 숨는 그날에
보리라

'하나님의 영이 언제 너한테 들어왔느냐고? 두고 봐라.
이제 아합 왕이 죽을 거다. 그러면 너는 부끄러워서, 또
세상 사람들이 너를 쳐 죽이려고 해서, 너는 두려워서
골방에 가서 숨을 거다. 그날 하나님의 영이 너한테
있지 않고 하나님의 영이 나에게 임해 계신다는 걸
알 것이다.' 그러나 이 장면을 아합 왕의 입장에서
생각해 보십시오. 400명의 선지자는 한결같이 아합
왕의 승리를 장담하는데, 평소에 재수 없는 소리를 하던
미가야 한 사람이 또 '아합 왕이 진다' 그런단 말입니다.
그러니까 아합 왕이 얼마나 기분이 나쁘겠습니까?
가만히 있겠습니까? 26절에서 27절입니다.

> 이스라엘의 왕이 이르되 미가야를 잡아 성주 아몬과
> 왕자 요아스에게로 끌고 돌아가서 말하기를 왕의
> 말씀이 이놈을 옥에 가두고 내가 평안히 돌아올 때까지
> 고생의 떡과 고생의 물을 먹이라 하였다 하라

미가야의 예언에 격분한 아합 왕이 부하들에게 명령을
했습니다. '미가야가 살고 있는 성으로 미가야를
데리고 가서 그 성주 아몬 그리고 그 성의 왕자라고
불리는 요아스에게 이놈을 맡겨서 감옥에 투옥시켜라.
그리고 내가 전투에서 반드시 승리하고 돌아올 것이니
승리하고 돌아올 때까지 고생의 떡과 물만 줘라.'

여러분, 성경 신약과 구약을 통틀어서 '떡'이라고
번역되어 있는 부분은 다 적절한 번역이 아닙니다.

히브리어 원문에 '레헴לֶחֶם'이라고 기록된 것을 우리말
성경은 '떡'이라고 번역했습니다. 예수님께서 최후의
만찬을 가지실 때 제자들에게 빵을 찢어 주시면서
'이것은 너희를 위한 내 몸이다'라고 하셨는데,
마태복음 26장에도 '떡'을 찢어 주셨다고 되어
있습니다. 헬라어로는 '아르토스ἄρτος'입니다. 그건 떡이
아니고 빵입니다. 중동 사람들에게 떡은 간식이지만
빵은 주식입니다. 지금 이 왕이 하는 말이 '저 사람에게
고생의 간식을 주라'는 말이 아닙니다. 간식은 먹어도
되고 안 먹어도 됩니다. 그러나 주식은 안 주면 죽지
않습니까? 그런데 '저 사람한테 고생의 밥과 물을 줘라'
라고 합니다. 표준새번역은 이렇게 번역을 했습니다.

> 이자를 감옥에 가두고, 내가 평안히 돌아올 때까지,
> 빵과 물을 죽지 않을 만큼만 먹이라

"죽지 않을 만큼만 먹이라." 그 말을 듣고 미가야가
왕에게 이렇게 이야기했습니다. 28절입니다.

> 미가야가 이르되 왕이 참으로 평안히 돌아오시게
> 될진대 여호와께서 나를 통하여 말씀하지
> 아니하셨으리이다 또 이르되 너희 백성들아
> 다 들을지어다 하니라

'내가 고생의 밥과 물을 먹는 거는 아무 문제도 안
됩니다. 그러나 당신은 돌아오지 못합니다. 그리고

백성들아, 내 말을 들으시오.' 무슨 얘기입니까? '나는 앞으로 고생의 밥과 물을 평생 먹어도 좋습니다. 그러나 나는 하나님의 말씀을 바르게 전하고 바르게 사는 본을 여러분 앞에 보이겠습니다.'

이제 우리는 또다시 해답을 얻게 됩니다. 왜 유대교 지도자들과 장사꾼들이 거룩한 하나님 아버지의 집을 강도의 소굴로 만들었습니까? 그들은 하나님의 진리를 지키기 위해서 고생의 밥과 물을 먹어야 하는 것을 두려워했습니다. 왜 말세에 사람들이 모두 더 잘 먹고 잘사는 데에만 혈안이 됩니까? 하나님의 말씀을 좇기 위해서는 고생의 밥과 물을 먹는 것을 감수해야 된다는 것을 생각하지 않기 때문입니다.

예수님께서 뭐라고 말씀하셨습니까? '아무든지 나를 따라오려거든 먼저 자기를 부인하고 따라오거라' (눅 9:23). 무엇을 부인하라는 것입니까? 예수님, 하나님을 이용해서 더 잘 먹고 더 잘살고 싶은 너의 죄성을 부인하라는 것입니다. 한국 교회가 소생하는 길은 우리가 진리를 바르게 좇기 위해서 고생의 밥과 물을 먹어도 좋다고 감수하는 순간부터 시작될 것입니다.

오늘은 부활주일입니다. 예수님께서 이 땅에 오실 때, 예수님은 하나님의 아들인 성자 하나님이신데, 그분이 성자 하나님으로서 이 땅에서 더 잘 먹고 더 잘사는

것을 목적으로 삼으셨다면 틀림없이 로마 황제로
오셨을 것입니다. 그러나 예수님께서는 이 죄의 노예 된
인간들을 구원하시고 그들을 하나님의 자녀로 거듭나게
하는 하나님의 섭리를 이루기 위해 갈릴리에서 고생의
밥과 물을 감수하셨습니다.
끝내는 죄에 빠진 인간을 살리시기 위해 십자가
죽음이라는 고생의 밥과 물을 마시셨습니다.
하나님께서는 당신의 구원을 이루시기 위해, 십자가
죽음이라는 고생의 밥과 물까지 감수하신 그 예수님을
죽음의 한가운데서 일어나게 하셨습니다. 그것을
기념하는 것이 부활절입니다. 그러므로 부활의 주님을
믿는 그리스도인은 예수를 믿어 이 세상에서 더 잘 먹고
잘살겠다는 것을 삶의 목적으로 삼는 것이 아니라 그
예수의 영원한 길, 거룩한 길, 구별된 길을 좇기 위해서
고생의 밥과 물도 기꺼이 감수하겠다는 것을 결심하고
실천하는 사람들입니다.

어떤 교회가 좋은 교회입니까? 교인 수가 많은 교회?
세상에서 출세하고 돈 버는 사람들이 많이 있어서 헌금
액수가 천문학적으로 매년 쌓이는 교회? 아닙니다.
지금 헌금이 부족해서 한국 교회가 타락했습니까?
정말 좋은 교회는 예수 그리스도의 구별된 십자가,
그 거룩한 성화의 길을 걷기 위해서 고생의 밥과 물을
마시는 것을 마다하지 않는 교인들이 모인 교회입니다.

여러분, 오늘은 동광교회 창립 58주년 기념주일입니다.

여러분들께서는 지난 7년 동안 교회다운 교회를 지키기
위해 고군분투하셨습니다. 눈물의 광야의 골짜기를
걸어 오셨습니다. 저는 여러분들의 담임목사님을
존경합니다. 얼마든지 야합할 수 있었습니다.

미가야가 왕을 만나기도 전에 아합 왕이 보낸 사신은
미가야에게 '시드기야하고 우리 선지자들이 다 왕 듣기
좋은 이야기를 했으니 너도 듣기 좋은 이야기를 하거라'
라고 했습니다. 이 세상은 정치권력이든 종교권력이든
항상 우리로 하여금 야합할 것을 강요합니다. 만약
미가야가 그때 야합했다면, 그는 더 잘 먹고 더 잘살
수 있었을 것입니다. 그러나 그 시대를 새롭게 하는
하나님의 교회. 하나님의 통로가 되지는 못했을
것입니다. 야합한 사람은 400명이나 있었습니다.
그러나 하나님의 정통성은 야합한 400명이 아니라
고생의 밥과 물을 먹을지언정 하나님의 말씀을 지키려
했던 미가야 한 사람을 통해 이어져 나갔습니다. 그
한 사람을 통해 그 시대가 새로워졌습니다. 여러분의
담임목사님이 야합하면 편하게 더 잘 먹고 더 잘사는
목회를 할 수 있었지만, 야합하지 않음으로 7년 동안
고생의 밥과 물을 먹었습니다. 그래서 교회다움이
지켜졌습니다.

그런 목사님을 지켜 주시고 함께해 주신 성도 여러분,
진심으로 사랑하고 존경합니다. 그러나 거기에서
끝나서는 안 됩니다. 여러분의 경험이 지금부터 한국

교회를 새롭게 소생시키는 초석이 되게 해야 합니다.
이제부터 여러분들의 삶의 목적을 예수를 이용해서 더
잘 먹고 더 잘사는 데 두는 것이 아니라 고생의 밥과
물을 먹더라도 바르게 사는 본이 되게 함으로, 한국
교회를 바르게 세우시려는 주님의 통로로 쓰임받게
되는 것입니다.

여러분, 인생을 시계에 비유하자면 인생은
모래시계라고 할 수 있습니다. 아날로그시계는 동그란
시계판 위를 시침과 분침이 그리고 초침이 무한
회전합니다. 디지털시계는 0부터 59의 숫자가 무한
반복합니다. 아날로그시계든 디지털시계든 그 시계를
들여다보고 있으면, 시계는 계속 앞으로 나아가니까
마치 내가 앞으로도 천년만년 살 것 같습니다.
내가 살아온 지나간 시간은 보이지 않습니다.

그러나 모래시계는 다릅니다. 모래시계는 구조부터
다릅니다. 모래시계는 투명한 삼각형 형태의 유리병
두 개가 역방향으로 엮여 있습니다. 그리고 위에 있는
모래가 아래로 떨어지는 구조입니다. 그 모래시계
윗부분의 유리병에 모래가 가득 찼다는 것은 한 인간이
태어난 순간입니다. 한 인간이 태어난 순간부터 윗병의
모래는 계속 떨어지게 되어 있습니다. 모래시계만이
지나간 시간을 보여 줍니다.

여러분, 몇 년을 살아오셨습니까? 저는 우리 나이로

71세입니다. 날수로 만 칠십 년 열흘을 살았습니다.
제 모래시계를 보면 비어 있는 공간이 보입니다.
제 모래시계의 윗부분에는 만 칠십 년 열흘이 뻥 뚫려
있습니다. 얼마만큼의 시간이 더 남아 있는지 저는
모르지만 분명한 것은 제 모래시계의 뻥 뚫린 윗부분
그 공간보다 훨씬 작은 부분에만 모래가 남아 있을
거라는 겁니다.

여러분의 모래시계 윗부분에는 얼마만큼의 모래가 남아
있습니까? 여러분, 그 모래시계가 남아 있는 동안에
고생의 밥과 고생의 물을 감수하시더라도 우리를
위해 십자가 죽음이라는 고생의 밥과 물을 잡수시고
부활하심으로 우리에게 영원한 생명의 길을 주신
그분의 그 길, 그 구별된 길을 우리 함께 좇아가십시다.
여러분을 통해서, 동광교회를 통해서 주님께서는
반드시 한국 교회를 소생시키실 것입니다. 왜인지
아십니까? 우리를 위해서 죽음의 십자가라는 고생의
밥과 물을 마시셨던 주님께서 부활하셔서 우리와
함께하시기 때문입니다.

주님!
58년 전에 광주 땅에 동광교회를 세워 주시고,
그동안 빛의 통로로 사용해 주신 것을
감사합니다.
거센 도전과 역풍 속에서
도리어 동광교회를 진리의 반석 위에
더욱 견고하게 세워 주신 것을 감사합니다.
동광교회를 이루고 있는 온 교우들과 목회자들이
오직 주님의 말씀을 위해 고생의 밥과 물을
기꺼이 감수하는 미가야로 계속 살게 해주셔서
동광교회로 인해 이 땅의 교회가 회복되며,
다가오는 우리 사회의 미래가 맑아지며 밝아지게
해주십시오.
예수님의 이름으로 기도드립니다.

아멘.

고생의 밥과 물

Bread and Water of Affliction

지은이 이재철
펴낸곳 주식회사 홍성사
펴낸이 정애주
국효숙 김의연 김준표 박혜란 송승호 오민택 오형탁
이현주 임영주 주예경 차길환 최선경 허은

2019. 12. 2. 초판 인쇄   2019. 12. 6. 초판 발행

등록번호 제1-499호 1977. 8. 1.
주소 (04084) 서울시 마포구 양화진4길 3   전화 02) 333-5161   팩스 02) 333-5165
홈페이지 hongsungsa.com   이메일 hsbooks@hongsungsa.com
페이스북 facebook.com/hongsungsa   양화진책방 02) 333-5163

ISBN 978-89-365-1397-9 (04230)
ISBN 978-89-365-0547-9 (세트)